# BEI GRIN MACHT SICH IHR WISSEN BEZAHLT

AF136326

- Wir veröffentlichen Ihre Hausarbeit,
  Bachelor- und Masterarbeit

- Ihr eigenes eBook und Buch -
  weltweit in allen wichtigen Shops

- Verdienen Sie an jedem Verkauf

## Jetzt bei www.GRIN.com hochladen und kostenlos publizieren

# Spezielle Anwendungsfelder der beruflichen Rehabilitationspsychologie

Katharina Gross

**Bibliografische Information der Deutschen Nationalbibliothek:**

Die Deutsche Nationalbibliothek verzeichnet diese Publikation in der Deutschen Nationalbibliografie; detaillierte bibliografische Daten sind im Internet über http://dnb.d-nb.de abrufbar.

ISBN: 9783346463869
Dieses Buch ist auch als E-Book erhältlich.

© GRIN Publishing GmbH
Nymphenburger Straße 86
80636 München

Druck und Bindung: Books on Demand GmbH, Norderstedt Germany
Gedruckt auf säurefreiem Papier aus verantwortungsvollen Quellen

Das vorliegende Werk wurde sorgfältig erarbeitet. Dennoch übernehmen Autoren und Verlag für die Richtigkeit von Angaben, Hinweisen, Links und Ratschlägen sowie eventuelle Druckfehler keine Haftung.

Das Buch bei GRIN: https://www.grin.com/document/1042965

# Einsendeaufgabe

## Spezielle Anwendungsfelder der Rehabilitationspsychologie

SRH Fernhochschule – The Mobile University

| | |
|---|---|
| Modul: | Spezielle Anwendungsfelder der Rehabilitationspsychologie |
| Studiengang: | B. Sc. Psychologie |

Vorgelegt von:     Katharina Gross

# Inhaltsverzeichnis

# Abkürzungsverzeichnis

| | |
|---|---|
| BE | Belastungserprobung |
| BFW | Berufsförderungswerk |
| BRB | Berufliche Rehabilitation im Betrieb |
| BTZ | Berufliches Trainingszentrum |
| HWK | Handwerkskammer |
| IHK | Industrie- und Handelskammer |
| LTA | Leistung zur Teilhabe am Arbeitsleben |
| RPK | Rehabilitationseinrichtung für psychisch Kranke |
| RVL | Rehabilitationsvorbereitungslehrgang |
| WfbM | Werkstatt für behinderte Menschen |

# Tabellenverzeichnis

# Abbildungsverzeichnis

# 1 Wegweiser Arbeit

Der „Wegweiser Arbeit" wurde ursprünglich im Jahr 2000 von Experten der Therapie und Rehabilitation unter dem Titel „Kölner Instrumentarium" eingeführt (forschen und teilen (Hrsg.), 2021, Wegweiser Arbeit). Der Wegweiser dient als Orientierungshilfe in der Planung, Gestaltung und Durchführung der Teilhabe und beruflichen Rehabilitation. Die vierzehn Hilfen (siehe Abbildung 1) sind sowohl einzeln als auch in Kombination miteinander anwendbar. Es werden drei große Bereiche differenziert: Die Vorbereitung auf berufliche Rehabilitation, berufliche Rehabilitation und Integration in die Arbeit. Im Vordergrund stehen die individuellen Bedürfnisse der Rehabilitanden mit Psychiatrieerfahrung.

*Abbildung 1: Wegweiser Arbeit*

(Quelle: https://forschen-und-teilen.de/wp-content/uploads/2019/12/Wegweiser-Arbeit-2.pdf).

## 1.1 Belastungserprobung

Die Belastungserprobung (BE) gehört in den Bereich der vorbereitenden Maßnahmen auf eine berufliche Rehabilitation. Die Aufgabe der BE besteht darin, die aktuelle (handlungsorientierte) Arbeitsfähigkeit einer Person in einem oder mehreren Arbeitsfeldern festzustellen (forschen und teilen (Hrsg.), 2021, Belastungserprobung). Die BE dient der Feststellung, ob der Betroffene in der Lage ist, in seinen früheren Beruf zurückzukehren, ob er an einer Leistung zur Teilhabe am Arbeitsleben (LTA) teilnehmen kann oder ob er schulungsfähig ist (Talentplus (Hrsg.), 2021, Belastungserprobung). Tritt während der Rehabilitation der Zeitpunkt ein, dass zwar die medizinische Behandlung noch im Vordergrund steht, aber bereits die Frage aufkommt, wie die berufliche Zukunft aussehen könnte, sollte mit der BE begonnen werden (Rehadat Bildung (Hrsg.), 2021, Belastungserprobung). Aufgrund der Ergebnisse einer BE wird mit dem Betroffenen gemeinsam entschieden, ob bspw. eine Wiedereingliederung in den früheren Beruf möglich ist, ob die Perspektive in einer Umschulung liegt und welches berufliche Arbeitsfeld ggf. in Betracht kommt.

Die BE richtet sich grundsätzlich an Menschen mit einer körperlichen und/oder psychischen Beeinträchtigung, die ihrer bisherigen Tätigkeit möglicherweise nicht mehr nachgehen können (reIntegro (Hrsg.), 2021, Arbeitserprobung und Belastungserprobung). Sie haben die Akutphase ihrer Erkrankung bereits überwunden und sind gewillt, wieder arbeiten zu gehen. Zudem können Personen die Erprobung in Anspruch nehmen, die länger berentet oder krankgeschrieben waren und ihre Arbeitsfähigkeit ausloten möchten (forschen und teilen (Hrsg.), 2021, Belastungserprobung). Die Durchführung einer BE kann innerhalb einer Rehabilitationsklinik (interne BE) oder z. B. von einem Berufsförderungswerk (BFW) (externe BE) erfolgen. Seltener findet eine BE innerhalb eines Betriebs statt. Die Angaben zur Dauer schwanken zwischen vier und neun Wochen (reIntegro (Hrsg.), 2021, Arbeitserprobung und Belastungserprobung; Rehadat Bildung (Hrsg.), 2021, Belastungserprobung). Letztlich bestimmen der Rehabilitand mit seinen individuellen Bedürfnissen und der Umfang der zu testenden Fähigkeiten die Dauer der Maßnahme. Die tägliche Arbeitsdauer schwankt i. d. R. zwischen mindestens drei und höchstens acht Stunden. Die interne BE bietet den Rehabilitanden die Möglichkeit, sich in den Tätigkeitsbereichen EDV, Werkstätten, Lager, Hauswirtschaft, kaufmännische und gewerbliche Arbeitsplätze sowie Tätigkeiten in Außenbereichen des Klinikums zu erproben (Rehadat Bildung (Hrsg.), 2021, Belastungserprobung). Darüber hinaus kommen bei einer internen BE Diagnose- und Testverfahren zum Einsatz, die die physische und berufsbezogene Fähigkeit klären.

Die externe BE prüft vorrangig, ob der Rehabilitand an seinen früheren Arbeitsplatz zurückkehren kann oder, falls dies nicht möglich ist, ob er in eine andere Abteilung im Betrieb seines bisherigen Arbeitgebers wechseln kann. Sowohl im Fokus der internen als auch der externen BE stehen die Dauerbelastbarkeit, das Verhalten bei Mehrfachanforderungen, das Arbeitsverhalten und die -leistung, das Sozialverhalten sowie die psychische und körperliche Belastbarkeit der Rehabilitanden (Rehadat Bildung (Hrsg.), 2021, Belastungserprobung). Im Anschluss an die BE erfolgt die Erstellung eines Berichts für den Teilnehmer und den Auftraggeber. Die Kosten einer BE tragen i. d. R. die Unfall- und Rentenversicherung sowie die Krankenkassen.

Für Menschen, deren psychische Erkrankungen einen schwereren Verlauf nehmen, gibt es die Rehabilitationseinrichtungen für psychisch Kranke (RPK). Diese Institutionen zeichnen sich durch das einmalige Angebot aus, sowohl eine medizinische als auch eine berufliche Rehabilitation anzubieten (forschen und teilen (Hrsg.), Rehabilitationseinrichtung für psychische Kranke, 2021). Die Kosten werden gemeinsam von der Krankenkasse, der Rentenversicherung und der Agentur für Arbeit getragen.


1.2 Umschulung


Die Umschulung ist eine mögliche Maßnahme, die innerhalb des Wegweisers Arbeit dem Bereich der beruflichen Rehabilitation angehört. Im Gegensatz zu einer klassischen Ausbildung versteht man unter der Umschulung eine berufliche Neuorientierung (keine Weiterbildung); i. d. R. handelt es

sich um eine Zweitausbildung. Im Idealfall hilft diese Rehabilitationsmaß-
nahme aufgrund der Förderung von Selbständigkeit und Autonomie den
Teilnehmern, die Beeinträchtigungen im Zuge der Erkrankung auszuglei-
chen. Sie kommt dann zum Einsatz, wenn der Rehabilitand in seinem bisherigen Berufsfeld nicht mehr tätig sein kann und gleichzeitig die nötigen
Fertigkeiten und die Motivation mitbringt, in einen anderen Beruf aufzunehmen (forschen und teilen (Hrsg.), 2021, Ausbildung/Umschulung). Des Wei-
teren erfordert die Wahl eines Umschulungsberufs die Berücksichtigung
des Arbeitsmarktes. Die Umschulung wird mit einer Abschlussprüfung vor
der Industrie- und Handelskammer (IHK) oder der Handwerkskammer
(HWK) abgeschlossen (Rehadat Bildung (Hrsg.), 2021, Umschulung mit
IHK- oder HWK-Abschluss).

Die Teilnehmer sind während der Umschulung in einem BFW untergebracht
und verbringen lediglich die Wochenenden zu Hause. Es gibt keine Trennung zwischen Betrieb und Berufsschule (Deutsche Rentenversicherung
(DRV), 2021, Berufsförderungswerke). In manchen Fällen ist jedoch eine
berufliche Rehabilitation in einem Betrieb (BRB) oder eine wohnortnahe Al-
ternative möglich (Inn-tegrativ (Hrsg.), 2021, Umschulungen und Qualifizierungen). Welche Umschulungsform für den Teilnehmer infrage kommt, ent-
scheidet der Rehabilitand gemeinsam mit dem Rehaträger (bspw. der
Agentur für Arbeit) und dem dortigen Rehaberater bzw. -manager.

Die Rehabilitanden werden in den BFW von Fachkräften wie z. B. den Sozialpädagogen, den Reha- und Integrationsmanagern oder den Psycholo-
gen betreut (BFW Hamburg (Hrsg.), 2021, Unterstützung). Zudem bieten
die Einrichtungen spezielle Übungen wie Entspannungs- oder Selbstsicher-
heitstraining an.

In der Regel ist einer Umschulung ein Rehabilitationsvorbereitungslehrgang
(RVL) vorgeschaltet. Das Ziel besteht darin, die Teilnehmer so gut auf die
Umschulung vorzubereiten, dass es möglichst zu keinen Abbrüchen
kommt. Inhalte der RVLs sind bspw. die Förderung sozialer Kompetenzen
oder die Entwicklung von Lernstrategien (forschen und teilen (Hrsg.), 2021,
Ausbildung/Umschulung). Umschulungen sind aufgrund der vorhandenen
Erstausbildung auf zwei Jahre verkürzt und können in zahlreichen

Berufszweigen (bspw. technische, kaufmännische oder Dienstleistungs-Berufe) erworben werden.

Die Finanzierung übernimmt der Rehabilitationsträger (z. B. Agentur für Arbeit) und leitet diese direkt an die ausführende Institution (bspw. ein BFW). Der Rehabilitand erhält ein Übergangsgeld zur Deckung des Lebensunterhalts.

Für psychisch erkrankte Menschen ist eine Umschulung eine besondere Herausforderung, weil sie z. B: abends nicht in ihr Zuhause zurückkehren, sondern im Internat des BTZ untergebracht sind. Aufgrund dessen muss jeder Einzelfall genau geprüft werden, um abzuschätzen, ob der Rehabilitand der Herausforderung gewachsen ist (Mecklenburg, 2015, S. 281)

## 1.3 Vermittlung in die Arbeit

Die Vermittlung in die Arbeit ist dem dritten Teilbereich des Wegweisers Arbeit, nämlich der „Integration in Arbeit oder Beschäftigung" zuzuordnen. Sie erfolgt dann, wenn alle vorbereitenden Maßnahmen sowie berufliche Aus- oder Weiterbildungen abgeschlossen sind. Der Rehabilitand steht an der Schwelle zur „Integration" in den Arbeitsmarkt. Diese Phase erfordert eine intensive Beratung, um einerseits den Wünschen, Zielen und Stärken der Person gerecht zu werden und andererseits ihre behinderungsbedingten Einschränkungen ausreichend zu berücksichtigen. Die Bedeutung der professionellen Begleitung ist insbesondere bei Psychiatrieerfahrenen nicht hoch genug einzuschätzen. Die Betroffenen leiden i. d. R. unter Ängsten und großen Unsicherheiten. Eine vertrauensvolle Betreuung hilft, diese Ängste abzubauen, und erhöht die Wahrscheinlichkeit eines erfolgreichen Eintritts in das Arbeitsleben.

Wesentliche Aspekte des Punktes „Vermittlung in Arbeit" sind etwa, welcher Beschäftigung der Rehabilitand nachgehen möchte und in welchem zeitlichen Umfang ihm dies möglich ist (bspw. sechs Stunden am Tag).

Auf dieser Grundlage wird ein realistisches Bewerberprofil erstellt (forschen und teilen (Hrsg.), 2021, Vermittlung in Arbeit). Die Fallmanager achten auf eine ansprechende, korrekte und vollständige Zusammenstellung der

Unterlagen. Die Fallmanager geben auch bei der Suche nach passenden Arbeitgebern Rat, d. h. sie unterstützen ihre Klienten dabei, wie sie bei der Recherche vorgehen können und worauf sie hinsichtlich ihres erarbeiteten Bewerberprofils achten sollten.

Darüber hinaus können die Rehabilitanden gemeinsam mit einem betreuenden Fallmanager oder Sozialpädagogen bspw. mittels Rollenspiels die Situation eines Bewerbungsgesprächs simulieren und üben. In diesem Zusammenhang fungieren die Betreuenden als wichtige Impulsgeber für Verbesserungen und als Sicherheit spendende Vertrauenspersonen, die ermutigen. Außerdem ist eine Begleitung der Rehabilitanden in schwierigen Situationen grundsätzlich möglich. Denkbar sind hier v. a. Termine mit der Bundesagentur für Arbeit oder Inklusionsfirmen oder Kostenträgern (forschen und teilen (Hrsg.), 2021, Vermittlung in Arbeit).

Neben den bereits genannten Themen stehen die Fachberater den Rehabilitanden auch bei der Entscheidung zur Seite, ob eine Bewerbung bei einer Werkstatt für behinderte Menschen (WfbM) in Frage kommt. Ebenso ist eine Unterstützung meistens dann angezeigt, wenn die Rehabilitanden an einem Zuverdienstprojekt[1] teilnehmen möchten.

Während des gesamten Prozesses stehen die Berater den Rehabilitanden zur Seite, um die gesammelten Erfahrungen zu besprechen und insbesondere Enttäuschungen (z. B. Absage eines Arbeitgebers) abzufangen. Bedeutsam ist hierfür v. a. eine solide und tragfähige Vertrauensbeziehung zwischen dem Beratenden und dem Rehabilitanden. Sinnvoll ist die Konzeption eines „Krisenplans", wenn sich bspw. der Gesundheitszustand des Rehabilitanden verschlechtert. Zudem kann in einem vertraulichen Gespräch darüber nachgedacht werden, wie der Rehabilitand anderen Mitarbeitern und Vorgesetzten gegenüber mit seiner durchlebten psychischen Erkrankung umgeht. Ob hierüber Stillschweigen (bspw. zum Schutz) gewahrt wird oder die Person lieber offen damit umgehen möchte, ist im Einzelfall abzuwägen.

---

[1] Zuverdienstprojekte bieten Empfängern von Rente, Sozialhilfe oder Arbeitslosengeld II die Möglichkeit in einem meistens geschützten Rahmen stundenweise etwas dazuzuverdienen. Das Arbeitsspektrum ist weit gefächert und kann von einer Tätigkeit in einer WfbM bis hin zu einer Tätigkeit in einem Betrieb des allgemeinen Arbeitsmarktes reichen (forschen und teilen (Hrsg.), 2021, Zuverdienstprojekte).

# Aufgabe 2

## 2.1 Belastungen von Teams durch Kollegen mit psychischen Erkrankungen

Die größte Belastung für Teams durch Kollegen mit einer psychischen Erkrankung liegt im Entstehen von zwischenmenschlichen Spannungen (Baer, 2015, S. 137). Sie wiegen deutlich schwerer als mangelnde Leistung, Unzuverlässigkeit oder häufiges Fehlen am Arbeitsplatz. Zu Beginn von problematischen Phasen zeigen Kollegen häufig Mitleid und Hilfsbereitschaft. Besteht jedoch auf der Seite des Erkrankten keinerlei Einsicht oder Kommunikationsbereitschaft, schlägt das anfängliche Verständnis in Ärger und Wut um. Baer (2015, S. 137) beschreibt, dass Teams insbesondere dann beeinträchtigt werden, wenn der betroffene Kollege angeberisch, launisch oder aggressiv ist, wie dies häufig bei Persönlichkeitsstörungen zutrifft. Das Arbeitsklima ist hierdurch massiv in Mitleidenschaft gezogen, manchmal kommt es sogar zur Spaltung von Teams. Eine Intensivierung der schwierigen Dynamik liegt vor, wenn es sich bei der psychisch kranken Person um eine Führungskraft im Unternehmen handelt.

Maßgebend für das Gelingen der Aufnahme eines psychisch kranken Menschen in einem Team ist u. a. der Umgang mit Fehlern. Ist die Fehlerkultur in einem Team klar und werden Fehler transparent kommuniziert, ist das Risiko einer Beeinträchtigung des Teamklimas reduziert und es kommt seltener zu Teamspaltungen (Baer, 2015, S. 138). Eine äußerst ungünstige Voraussetzung sind Teams, in denen „keine Fehler passieren dürfen". Hierdurch werden zum einen Ängste geschürt und zum anderen die Ursachen für Fehler in den Kollegen gesehen, was zwangsläufig zu Schuldzuweisungen, Ungerechtigkeiten und einer schlechten Arbeitsatmosphäre führt.
Eine weitere Komponente ist die adäquate Einbeziehung des Teams, wenn eine Wiedereingliederung einer psychisch kranken Person geplant wird. Es hat sich als Vorteil erwiesen, dass Kollegen die Anpassungen am Arbeitsplatz nachvollziehen können und angemessen („fair") beurteilen (Baer,

2015, S. 138). Allerdings sollten sich Führungskräfte beraten lassen, welche Informationen sie an das Kollegium kommunizieren, dies gilt sowohl aus der juristischen Sicht als auch aus der zwischenmenschlichen Perspektive. Grundsätzlich sollte eine Eingliederungsplanung frühzeitig angekündigt werden, um niemand vor vollendete Tatsachen zu stellen.

## 2.2 Typische Interventionen von Führungskräften bei Mitarbeitern mit psychischen Störungen

Baer (2015, S. 138) beschreibt, dass 50 Prozent der befragten Führungskräfte angeben, die Probleme mit den psychisch auffälligen Mitarbeitern gelöst zu haben. Erschreckend ist jedoch, dass in 90 Prozent der Fälle die Lösung einer Kündigung entsprach. Bevor eine solche Variante verurteilt wird, soll erwähnt sein, dass sie dann sinnvoll ist, wenn von Seiten des Arbeitgebers ein zukunftsträchtiges Arbeitsverhältnis ausgeschlossen werden kann. Allerdings müsste dann die Trennung so frühzeitig wie möglich erfolgen, was häufig nicht der Fall ist. Durchschnittlich kommt es erst nach drei Jahren mit andauernden Problemsituationen zu einer Trennung. Ein negativer Effekt dieser Umgangsweise liegt in der langwierigen negativen Erfahrung der Arbeitgeber. Aufgrund dessen sind sie i. d. R. Regel nicht mehr gewillt, Menschen mit einer bekannten psychischen Erkrankung die Möglichkeit für einen Arbeitsplatz einzuräumen. Auf diese Weise wird langfristig die Stigmatisierung von psychisch kranken Personen genährt (Baer, 2015, S. 139).

Die Gründe für die lange Dauer bis zu einer Kündigung sind vielfältig: Manche Führungskräfte haben große Hemmungen, die Betroffenen auf ihr Verhalten anzusprechen, und werden infolgedessen zu spät aktiv. Andere Führungskräfte bemühen sich, indem sie das persönliche Gespräch suchen, die Arbeitsorganisation diskutieren oder an die Pflichten und Konsequenzen der Arbeitnehmer appellieren (Baer/Fasel, 2011, S. 48). Weiter unterscheidet Baer vier Typen von Führungskräften:

| Führungskräftetyp | Art und Weise der Intervention |
|---|---|
| Der Aktivist | Interveniert umfangreich, allerdings unstrukturiert und wenig zielorientiert. |
| Der Autoritäre | appelliert an eine bessere Arbeitseinstellung (Moral) und kündigt Konsequenzen an. „Zusammenreißen bitte!" |
| Der Achtsame | interveniert nicht, wartet ab und beobachtet. |
| Der Distanzierte | rät dem Mitarbeiter, einen Arzt zu aufzusuchen. |

*Tabelle 1: Typen von Führungskräften*

(Quelle: Eigene Darstellung in Anlehnung an Baumann, 2019, S.51)

Baer und Fasel (2011, S. 47) geben einen tabellarischen Überblick zu den angewandten Interventionen der Führungskräfte (siehe Abbildung). Auffallend ist die Vielfalt:

| Variable | Ausprägung | Prozent (%) |
|---|---|---|
| | Gespräche mit XY geführt und XY persönlich unterstützt | 88.2 |
| | die Situation beobachtet und zugewartet | 46.5 |
| | XY an die Pflichten erinnert und/oder Konsequenzen angesprochen | 70.9 |
| | mit XY die Arbeitsorganisation diskutiert | 72.2 |
| | Kontakt mit HR-/Sozial-/betriebsärztlichen Diensten aufgenommen | 23.7 |
| Interventionen der | vor allem den direkten Vorgesetzten von XY gecoacht | 30.9 |
| Vorgesetzten und | an die an sich vorhandene Leistungsmotivation von XY appelliert | 57.6 |
| Personalverant- | arbeitsrechtliche Massnahmen eingeleitet | 28.9 |
| wortlichen | XY aufgezeigt, dass es helfen kann, sich zusammenzureissen | 46.9 |
| (n=654) | die Arbeitsaufgaben von XY angepasst | 44.3 |
| | gesagt, XY soll eine Auszeit nehmen | 18.5 |
| | gesagt, XY solle zu einem Arzt/Psychologen gehen | 39.3 |
| | das Gespräch mit Angehörigen (Partner, Eltern etc.) von XY gesucht | 19.4 |
| | die Arbeitskollegen informiert und/oder unterstützt | 62.8 |
| | externe Stellen beigezogen (IV-Stellen o.ä.) | 16.8 |

*Abbildung 2: Interventionen von Führungskräften*

(Quelle: Baer/Fasel, 2011, S. 47).

Die Tabelle zeigt, dass am häufigsten das persönliche Gespräch gesucht wird (88,2%). Daran schließen sich die Diskussion der Arbeitsorganisation (72,2%) sowie die Erinnerung bzw. der Appell an die Einhaltung der Pflichten und einer damit verbundenen Androhung von Konsequenzen (70,9%) an. Problematisch an den Interventionen ist ihr ungezielter Einsatz. Welche

Methode ein Vorgesetzter wählt, erfolgt unabhängig von der Problemlage und ist demzufolge unspezifisch. Baer merkt allerdings an, dass es fraglich ist, inwiefern Vorgesetzte im Hinblick auf die besondere Situation mit psychischen kranken Personen hierfür über eine Kompetenz verfügen können. Aus diesem Grund besteht in der Hinzuziehung eines Fachberaters für Rehabilitation eine mögliche professionelle Unterstützung der Führungskräfte.

## 2.3 Unterstützung von Arbeitgebern durch Rehabilitations-Fachpersonen

Ein professioneller Rehabilitations-Fachberater fungiert zwischen Arbeitgebern und Arbeitnehmern als Übersetzer (Baer, 2015, S. 140). Das Wissen über die krankheitsbedingten Einschränkungen auf der einen Seite und das Wissen über die Arbeitsanforderungen auf der anderen Seite, befähigt die Fachberater, als vermittelnde Instanz zu agieren.

Ihre Aufgabe liegt zunächst darin, bei dem behandelnden Arzt des Rehabilitanden er erfahren, welche Einschränkungen die Person aus medizinischer Sicht mitbringt. Hierfür einen Experten einzuschalten ist sinnvoll, weil die Ärzteschaft einerseits der Schweigepflicht unterliegt und andererseits die Patienten i. d. R. verständlicherweise nicht möchten, dass es zu einem Kontakt zwischen Arzt oder Psychotherapeut und Arbeitgeber kommt. Ein Austausch wäre allerdings sinnvoll, weil die Behandelnden aus professioneller Sicht das Leistungsvermögen und die Bedürfnisse am besten abschätzen können. Deshalb ist die Einbindung eines „Übersetzers" in Gestalt eines Fachberaters sinnvoll, der zwischen den Behandelnden und dem Arbeitgeber vermittelt. Der Arzt oder Psychotherapeut kann dem Fachberater in einem geschützten Rahmen Auskunft über die Fähigkeiten und die nötigen Arbeitsplatzanpassungen geben, ohne dass der Arbeitgeber persönliche Details über seinen Angestellten erfährt, die dessen Privatsphäre verletzen. Darüber hinaus klärt die Fachperson mit den Behandelnden, welche subjektiven Merkmale (bspw. Angst von Kollegen abgewiesen zu werden) im Vordergrund stehen. Zudem wird eruiert, woran man frühzeitig eine Verschlechterung des Gesundheitszustandes erkennen kann (Baer, 2015, S. 140).

Der Rehabilitations-Fachberater kann noch eine weitere Funktion erfüllen: Baer beschreibt die Tendenz, dass die Ärzteschaft bei psychischen Problemen häufig sehr schnell und relativ lang und zu undifferenziert die Betroffenen krankschreibt (Baer, 2015, S. 139). Problematisch ist das Vorgehen deshalb, weil längere Fehlzeiten nicht selten Vorboten von künftigen Entlassungen sind, sich zumindest negativ auf die Wiedereingliederung auswirken. Durch die Hinzuziehung einer Rehabilitations-Fachkraft kann in gemeinsamer Absprache mit Arbeitnehmer und Arbeitgeber festgestellt werden, ob die Krankschreibung bspw. aufgrund von Konflikten am Arbeitsplatz erfolgte oder welche anderweitigen Probleme vorliegen. Indem ein Fachberater die Situation genau analysiert, können unnötige Fehlzeiten verkürzt oder sogar vermieden werden.

Im Fall einer Wiedereingliederung klärt der Fachberater mit dem Arbeitgeber zunächst ab, ob überhaupt die Bereitschaft besteht, den Rehabilitanden wieder in den Betrieb aufzunehmen. Im nächsten Schritt wird eruiert, welche Arbeitsplatzanpassungen ggf. notwendig wären (Baer, 2015, S. 140). In diesem Zusammenhang erfolgt außerdem eine Absprache, welche Informationen die Arbeitskollegen erhalten sollen. Es wird zudem festgehalten, welche Auffälligkeiten, Verhaltensweisen und Leistungsdefizite besonders negative Auswirkungen auf den Arbeitgeber und dessen Unternehmen haben (Problemanalyse) (Baer, 2015, S. 141).

Auf der Grundlage der Informationen erarbeiten die Rehabilitations-Fachpersonen einen Wiedereingliederungsplan. Mit der Zwischenschaltung eines Experten wird ein für beide Seiten, Arbeitgeber und Arbeitnehmer, ein vertrauensvolles Setting aufgebaut, das eine gute Voraussetzung für eine langfristige Integration in den Arbeitsmarkt bietet. Eine Änderung des gemeinsam abgestimmten Settings ist nur mit Zustimmung beider Partner möglich. Es werden im Vorfeld Konsequenzen formuliert, wenn es zu einer Nichteinhaltung kommt.

# Aufgabe 3

## 3.1 Elf therapeutische Faktoren der Gruppentherapie nach Yalom

Die Form der Gruppentherapie ist nach Angaben von Yalom (2007, S. 23) mindestens so wirksam wie die Einzeltherapie. Er benennt elf Primärfaktoren, die im folgenden Abschnitt erläutert werden. Im Hinblick auf das therapeutische Geschehen dürfen sie nicht isoliert betrachtet werden (Yalom, 2007, S. 24).

### 1. Hoffnung wecken

Hoffnung zu wecken gehört nach Yalom zu einer der wichtigsten Aufgaben eines Psychotherapeuten, unabhängig von der Therapieform. Ein hoffnungsgestimmter Klient ist motiviert und beendet i. d. R. eine Therapie nicht vorzeitig. Die Hoffnung fungiert bildlich gesprochen wie ein Nährboden für das therapeutische Arbeiten. Yalom führt aus, dass die positive Erwartungshaltung und die Überzeugung, in der Behandlung Hilfe zu erfahren, mit dem Therapieerfolg korrelieren (Yalom, 2007, S. 26-27).

### 2. Universalität des Leidens

Vor dem Beginn einer Gruppentherapie denken zahlreiche Menschen, nur sie hätten schwerwiegende Probleme. Yalom (2007, S. 28) beschreibt, die Betroffenen fühlten sich „in ihrem Elend einzigartig". Sie ziehen sich zurück, fühlen sich isoliert und die Hürde, in Kontakt mit Personen zu kommen, vergrößert sich (Yalom, 2007, S. 28). Dieser Dynamik wirkt die Gruppentherapie entgegen. Die Klienten erfahren, dass andere Personen ähnlich Gefühle kennen oder ähnliche Dinge erlebt haben. Sie können wieder in Kontakt mit anderen kommen und es „riskieren", sich anderen anzuvertrauen (Yalom, 2007, S. 29). Die Betroffenen berichten in diesem Zusammenhang häufig von Entlastung (Yalom, 2007, S. 29).

### 3. Mitteilung von Informationen

Dieser Punkt bezieht sich auf psychoedukative Inhalte, wie z. B. über seelische Krankheiten und Übungsanleitungen (Yalom, 2007, S. 32). Die

Psychoedukation erfolgt teilweise implizit mit dem Erleben eines Therapieprozesses. Die Mitteilung von Informationen durch andere Klienten („direkter Rat") hat für die Entwicklung einer Gruppentherapie ebenso einen hohen Stellenwert. Yalom berichtet, dass weniger der „Inhalt eines Rats" wichtig ist sondern der „Prozess des Ratgebens." Er signalisiert Anteilnahme und Interesse an den anderen Gruppenmitgliedern.

## 4. Altruismus

Zur Veranschaulichung des Begriffs Altruismus gibt Yalom eine alte chassidische Geschichte wieder. Darin kommen zwei Gruppen von Menschen vor: Die erste Gruppe ist hungrig und verzweifelt, weil die Mitglieder mit ihren „langstieligen Löffeln" zwar an Nahrung herankommen, sich diese aber nicht zum Mund führen können (Symbolbild für die Hölle). Die andere Gruppe ist fröhlich und wohlgenährt. Die Menschen dieser Gruppe hatten gelernt, sich mit den „langstieligen Löffeln" gegenseitig zu füttern (Symbolbild für den Himmel) (Yalom, 2007, S. 36-37).

In dieser Parabel findet ein wesentlicher Vorgang von Gruppentherapie Ausdruck: Das gegenseitige Geben und Nehmen der Klienten untereinander. Hervorzuheben ist die Erfahrung, dass die Klienten einerseits Unterstützung von anderen erleben und andererseits signalisiert bekommen, sie selbst können den anderen Gruppenmitgliedern etwas bieten (Yalom, 2007, S. 38).

## 5. Korrigierende Rekapitulation des Geschehens in der primären Familiengruppe

Eine Therapiegruppe ähnelt nach Yalom (2007, S. 39) in gewisser Weise einer Familie; bspw. können die Gruppenleiter (häufig ein Therapeutenteam bestehend aus einem Mann und einer Frau) stellvertretend für die Eltern und die Klienten als Geschwister oder weitere Familienmitglieder gesehen werden. Yalom beschreibt, dass es in Gruppentherapien früher oder später zu (problematischen) Interaktionen kommt, wie sie in der Ursprungsfamilie stattfanden. Der reflektierte Umgang mit diesen Mustern ermöglicht den Klienten, die negativen Erlebnisse in der Gruppe erneut aber in einer

„korrigierenden Form" zu erleben (Yalom, 2007, S. 40). So können bisher ungelöste Problem zum Abschluss kommen.

## 6. Entwicklung sozialer Kompetenzen

Soziales Lernen findet in Gruppentherapien auf unterschiedlichste Weise statt, je nachdem in welchem Kontext sich die Patienten in Therapie befinden. Mögliche Themen sind: die Schulung der Konfliktfähigkeit, Empathie, die Wirkung auf andere Personen, wie ein ehrliches und nicht verletzendes Feedback gegeben werden kann. Im Vordergrund können offizielle Anlässe stehen, bspw. Gespräche mit dem Arbeitgeber, aber auch private Szenen, wie die Verabredung zu einem Date (Yalom, 2007, S. 41).

## 7. Imitationsverhalten

Yalom (2007, S. 42) beschreibt, dass in Gruppentherapien häufig ein Nachahmungsprozess zu beobachten ist, wenn bspw. einzelne Mitglieder bestimmte Verhaltensweisen anderer Gruppenmitglieder imitieren. Ebenso beeinflussen Gruppentherapeuten die Kommunikationsmuster der Klienten, wenn sie z. B. Verhaltensweisen wie die Selbstoffenbarung oder Unterstützung exemplarisch vorführen (Yalom, 2007, S. 42). Bedeutsam ist in diesem Kontext das gegenseitige Beobachten, wie andere Personen mit Problemen umgehen. Yalom berichtet davon, dass Gruppenmitglieder während der gesamten Therapiedauer bestimmte Eigenarten von anderen Klienten „anprobieren" und wieder verwerfen, wenn sie „nicht zu ihnen passen" (Yalom, 2007, S. 42).

## 8. Interpersonales Lernen

Die drei wichtigen Komponenten, um den Punkt des interpersonalen Lernens zu begreifen, sind die Bedeutung interpersonaler Beziehungen (1), das korrigierende emotionale Erlebnis (2) und die Gruppe als sozialer Mikrokosmos (3) (Yalom, 2007, S. 43). Die Gruppentherapie bietet den Klienten die Möglichkeit, in einem geschützten Rahmen (3) herauszufinden, wie ihre Kommunikationsweise auf andere Gruppenteilnehmer wirkt und ebenso wie das Verhalten anderer Teilnehmer auf sie wirkt (1). Ggf. kann der Klient dann Korrekturen vornehmen (2).

## 9. Gruppenkohäsion

„Die Gruppenkohäsion ist das Gegenstück zur therapeutischen Beziehung in der Einzeltherapie" (Yalom, 2007, S. 80). Tragendes Element in der Einzeltherapie ist die vertrauensvolle Beziehung zwischen dem Therapeuten und dem Klienten. In der Gruppentherapie liegt ein komplexeres Beziehungsgefüge vor, weil i. d. R. zwischen sechs und zehn Personen an dem Prozess beteiligt sind. Die Kohäsionskraft der Gruppe beschreibt das Maß an Zusammenhalt, Gruppenzugehörigkeit und Akzeptanz (Yalom, 2007, S. 83).

## 10. Katharsis

Die Katharsis verdeutlicht die positive Wirkung, die Yalom (2007, S. 119-120) dem offenen Ausdruck von Affekten, d. h. sowohl positiven und negativen Gefühlen in gruppentherapeutischen Prozessen zuschreibt. Die Katharsis ist ein notwendiger Prozess der Gruppentherapie, allerdings kein alleiniger Erfolgsgarant. Vielmehr ist entscheidend, wie sie reflektiert wird und welchen Lernprozess sie nach sich zieht (Yalom, 2007, S. 119).

## 11. Existenzielle Faktoren

Die existenziellen Faktoren sind nach Yalom (2007, S. 128) ein fünfteiliges Item-Cluster, das sich mit grundlegenden Aspekten des Menschseins beschäftigt. Es geht darin um Faktoren, die unveränderlich sind wie z. B. die Sterblichkeit oder die Tatsache, dass schlimme Dinge passieren, Schmerzen nicht verhindert werden können und letztlich jedes Individuum, trotz Rat und Unterstützung anderer, für seine Art zu leben eigenverantwortlich ist. Yalom beschreibt, dass mit der Akzeptanz der existenziellen Faktoren das Ertragen von Widrigkeiten leichter wird. Diese Beobachtungen sind insbesondere auf gruppentherapeutische Erfahrungen mit onkologischen Patienten zurückzuführen (Yalom, 2007, S. 136).

## 3.2 Funktion des Gruppenleiters

Nach Angaben von Yalom (2007, S. 148) besteht die Aufgabe des Gruppentherapeuten darin, „den therapeutischen Prozess zu planen, ihn zu initiieren und dafür zu sorgen, dass er ständig mit maximaler Effektivität verläuft." Die Grundhaltung des Therapeuten muss von aufrichtiger Anteilnahme, Akzeptanz, Authentizität und Empathie geprägt sein. Auf diesem Fundament erwächst eine positive Beziehung zwischen den Klienten und dem Therapeuten. Yalom (2007, S. 148) betont, keine Technik sei wichtiger als diese essentiellen Grundeinstellungen. Darüber hinaus ist der Therapeut verantwortlich für die „Zusammenstellung und Erhaltung der Gruppe", den „Aufbau einer Gruppenkultur" und die „Aktualisierung und Ausleuchtung des Hier und Jetzt" (Yalom, 2007, S. 148).

Bei der Beschäftigung mit der Frage, welche Komponenten einer Gruppentherapie am zuträglichsten sind, arbeitete Yalom (2007, S. 585) vier wesentliche Punkte heraus, zu denen die folgende Tabelle einen Überblick bietet:

| Funktion | Verhaltensweise |
|---|---|
| Emotionale Anregung | „Herausfordernde, konfrontierende Aktivität, eindringliches Beispielgeben durch das Eingehen persönlicher Risiken und weitgehende Selbstoffenbarung" (Yalom, 2007, S. 585). |
| Anteilnahme | „Unterstützung, Zuwendung, Lob, Schutz, Wärme, Annahme, Echtheit, Besorgtheit" (Yalom, 2007, S. 585). |
| Sinngebung | „Erklären, klarstellen, interpretieren, der Veränderung einen kognitiven Rahmen geben, Gefühle und Erlebnisse in Ideen übersetzen" (Yalom, 2007, S. 585). |
| Exekutive Funktion | „Grenzen, Regeln, Normen, Ziele setzen, Zeit einteilen, das Tempo des Fortschreitens bestimmen, Verfahren anhalten, unterbrechen und vorschlagen" (Yalom, 2007, S. 585). |

*Tabelle 2: Funktionen des Gruppentherapeuten*

*(Quelle: Eigene Darstellung nach Yalom, 2007, S. 585).*

Yalom betont die Bedeutung eines Gleichgewichts der vier Aspekte. So ist bspw. weder eine zu starke noch eine zu schwache emotionale Anregung für den Gruppenprozess von Vorteil.

### 3.3 Nutzung der Komponenten „Entwicklung sozialer Kompetenzen" und „Imitationsverhalten" in einem beruflichen Trainingszentrum

Im Rahmen eines Trainings zur beruflichen Wiedereingliederung in einem BTZ ist denkbar, dass sich die Teilnehmer mit Hilfe von Rollenspielen auf Vorstellungsgespräche vorbereiten (Steier-Mecklenburg, 2015, S. 300). Eine genaue Analyse ist durch Video-Aufzeichnungen möglich, die im geschützten Rahmen besprochen werden können. Zudem kann in Betracht gezogen werden, einen Personalverantwortlichen aus einem Betrieb einzuladen, der die Situation des Vorstellungsgesprächs realistisch mit einigen Klienten nachstellt.

Eine weitere sinnvolle Übung ist der Umgang mit schwierigen Situationen, etwa wenn sich Konflikte anbahnen, die Rehabilitanden auf ihre Erkrankung angesprochen werden oder von einem Vorgesetzten kritisiert werden. Sofern die Gruppenmitglieder dazu in der Lage sind, wäre es möglich, dass z. B. eine Gruppenleiterin im Rollenspiel einen „kritisierenden, unfreundlichen und wenig sensiblen Chef" spielt. Mit Hilfe einer Besprechung der Beobachtungen kann die Gruppe anschließend herausarbeiten, welche Verhaltensweisen positiv waren und welche Reaktionen durch andere ersetzt werden müssen.

Weiterhin wäre ein Training von Telefonaten denkbar, wenn es z. B. Gruppenmitglieder gibt, die nur sehr ungern telefonieren oder denen es schwer fällt, mit einer Person zu interagieren, die sie nicht sehen.

Die positive Nutzung des „Imitationsverhaltens" kann bspw. dann zum Tragen kommen, wenn die Gruppe gemeinsam mit ihrer Leiterin reflektiert, welche gezeigten Verhaltensweisen, z. B.: in einem Rollenspiel, der simulierten Situation zuträglich und welche weniger angemessen waren.

Durch die gegenseitige Beobachtung bei den Problemlösungsversuchen der Gruppenmitglieder untereinander, lernen die Teilnehmer voneinander. Das Angebot der unterschiedlichen Verhaltensweisen in einer Gruppe vergrößert den Horizont der Teilnehmer und zeigt ihnen Alternativen auf. Die Rollenspiele fördern das Ausprobieren neuer Verhaltensweisen und laden die Teilnehmer zum Experimentieren ein.

Doch nicht nur die Beobachtung der Klienten untereinander ist bedeutsam. Auch die Umgangsformen des Therapeuten sind von Belang. Yalom (2007, S. 153) widmet der Entwicklung von Normen in einer Gruppe einen großen Raum. Insbesondere in einem BTZ und im Zusammenhang mit der beruflichen Wiedereingliederung fungieren z. B. die Pünktlichkeit und die Zuverlässigkeit des Therapeuten als „Rollenvorbild". Anders formuliert: Kommt ein Therapeut häufig zu spät zu den Sitzungen, wird es mit hoher Wahrscheinlichkeit auch Teilnehmer geben, die es mit der Pünktlichkeit nicht so genau nehmen.

# Literaturverzeichnis

Baer, N. (2015). Erfahrungen von Arbeitgebern. In: Storck, J., Plößl, I. (Hrsg.). Handbuch Arbeit, 3. vollst. überarb. Aufl., Köln, S. 133-141.

Baer, N., Fasel, T. (2011). „Schwierige" Mitarbeiter Wahrnehmung und Bewältigung psychisch bedingter Problemsituationen durch Vorgesetzte und Personalverantwortliche. Bericht im Rahmen des Forschungsprogramms zu Invalidität und Behinderung (FoP-IV), Beiträge zur sozialen Sicherheit Forschungsbericht Nr. 1/11.

Berufsförderungswerk Hamburg (Hrsg.), 2021, Unterstützung, Abruf am 13.06.2021 unter: https://www.bfw-hamburg.de/unterstuetzung/.

Deutsche Rentenversicherung (DRV), 2021, Berufsförderungswerke, Abruf am 13.06.2021 unter: https://www.deutsche-rentenversiche-rung.de/DRV/DE/Reha/Reha-Einrichtungen/Berufliche-Reha-Einrichtun-gen/berufliche_reha_einrichtungen.html.

forschen und teilen (Hrsg.) (2021). Ausbildung/Umschulung, Abruf am 13.06.2021 unter: https://forschen-und-teilen.de/ausbildung-umschulung/.

forschen und teilen (Hrsg.) (2021). Belastungserprobung, Abruf am 13.06.2021 unter https://forschen-und-teilen.de/belastungserprobung/.

forschen und teilen (Hrsg.) (2021). Rehabilitationseinrichtung für psychisch Kranke, Abruf am 13.06.2021 unter: https://forschen-und-tei-len.de/glossar/#RPK.

forschen und teilen (Hrsg.), 2021, Vermittlung in Arbeit, Abruf am 14.06.2021 unter: https://forschen-und-teilen.de/vermittlung-in-arbeit/.

forschen und teilen (Hrsg.) (2021). Wegweiser Arbeit, Abruf am 14.06.2021 unter: https://forschen-und-teilen.de/wegweiser-arbeit/.

forschen und teilen (Hrsg.) (2021). Zuverdienstprojekte, Abruf am 14.06.2021 unter: https://forschen-und-teilen.de/glossar/#Zuverdienst.

inn-tegrativ (Hrsg.), 2021, Umschulungen und Qualifizierungen, Abruf am 13.06.2021 unter: https://inn-tegrativ.de/teilnehmer/umschulungen-und-qualifizierungen.

Mecklenburg, H. (2015). Allgemeine Grundlagen der Rehabilitation. In: Storck, J., Plößl, I. (Hrsg.). Handbuch Arbeit, 3. vollst. überarb. Aufl., Köln, S. 269-285.

Rehadat Bildung (Hrsg.) (2021). Belastungserprobung/Medizinisch-berufliches Assessment, Abruf am 13.06.2021 unter: https://www.rehadat-bildung.de/bildungsmassnahmen/abklaerung-der-beruflichen-eignung-und-berufsfindung/belastungserprobung-med-berufl-assessment/.

Rehadat Bildung (Hrsg.) (2021). Umschulung mit IHK- oder HWK-Abschluss, Abruf am 13.06.2021 unter: https://www.rehadat-bildung.de/bildungsmassnahmen/berufliche-anpassung-und-weiterbildung/umschulung-mit-ihk-oder-hwk-abschluss/.

reIntegro (Hrsg.) (2021). Arbeitserprobung und Belastungserprobung, Abruf am 13.06.2021 unter: https://reintegro.de/arbeitserprobung-und-belastungserprobung/.

Steier-Mecklenburg, F. (2015). Wiedereingliederung in Arbeit – Methodik und Ergebnisse am Beispiel BTZ Köln. In: Storck, J., Plößl, I. (Hrsg.). Handbuch Arbeit, 3. vollst. überarb. Aufl., Köln, S. 296-311.

Talentplus (Hrsg.) (2021). Belastungserprobung, Abruf am 17.06.2021 unter: https://www.talentplus.de/lexikon/Lex-Belastungserprobung/.

Yalom, I. (2007). Theorie und Praxis der Gruppenpsychotherapie, 9. Aufl., Stuttgart.